Lernentwicklung

Das kann ich schon

Cornelsen

Liebe _____!

Hier kannst du zeigen,
was du schon gelernt hast.
Du bekommst eine Aufgabe immer dann,
wenn deine Lehrerinnen oder Lehrer wissen,
dass du sie schon gut lösen kannst.
Das kann bei jedem Kind verschieden sein.
Darum wird das Datum immer
dazugeschrieben.

Die Aufgaben kennst du
aus dem Arbeitsheft 1
oder aus dem
Buchstabenordner.

Viel Spaß!

Das bin ich.

Das kann ich schon

Ggf. Buchstaben, Namen, Wörter schreiben, die das Kind bereits kennt
(Kind wählt selbst aus).

Datum: _____

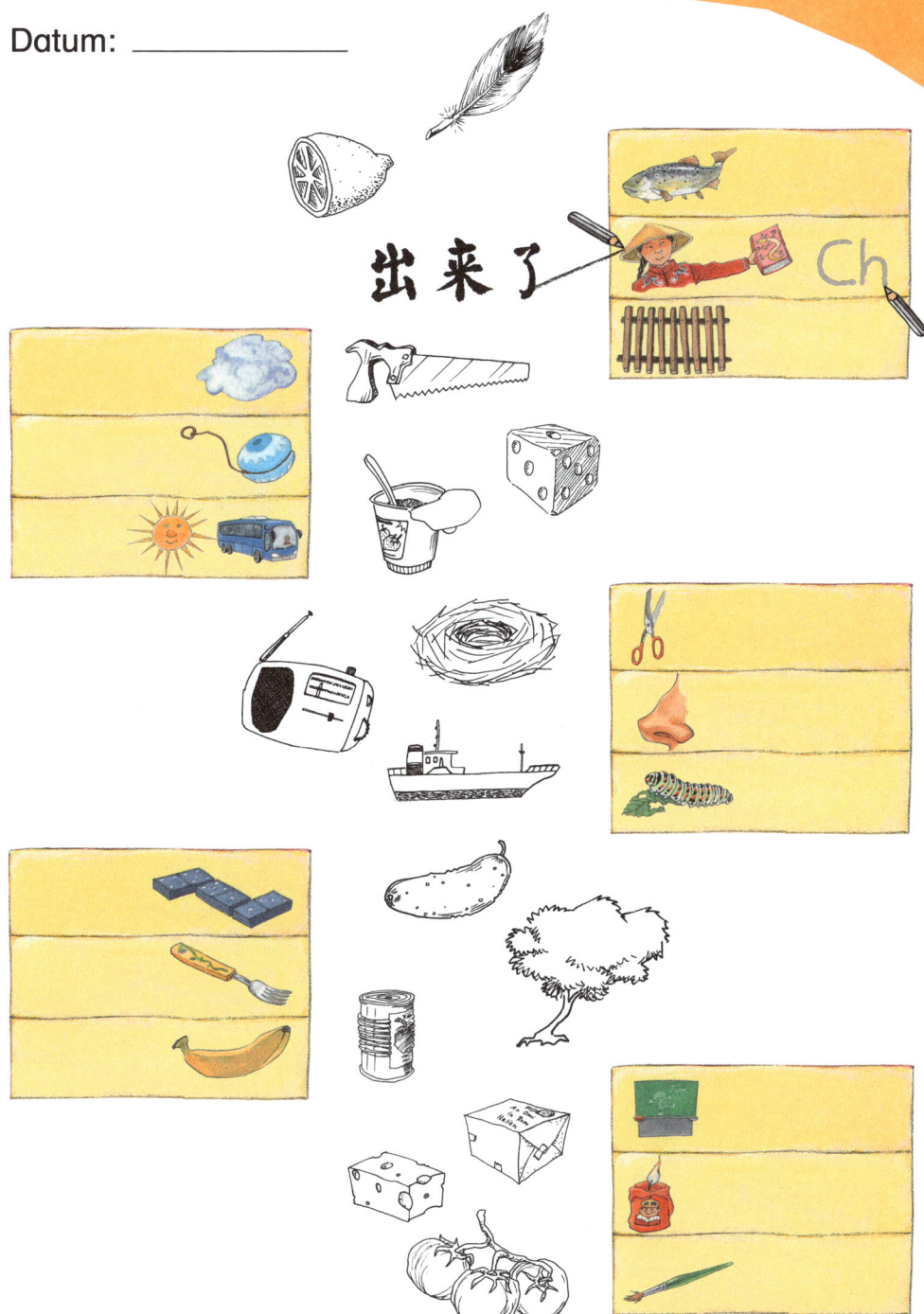

出来了

Ch

Anlaute mit Hilfe des Buchstabenhauses eintragen;
Bilder verbinden, die den gleichen Anlaut haben.

Datum: _____

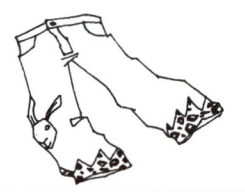

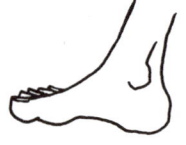

Silben klatschen/schwingen – Silbenbögen zeichnen.

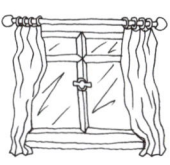

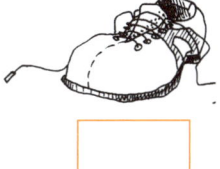

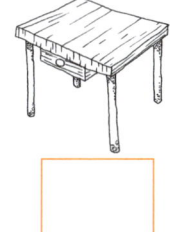

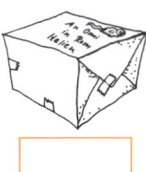

Wörter abhören und mit Hilfe des Buchstabenhauses Anlaute notieren.

5

M m

S s

F f

P p

Konsonanten: Wörter abhören und gesuchten Laut an die entsprechende Stelle schreiben
(Anlaut – Inlaut – Auslaut).

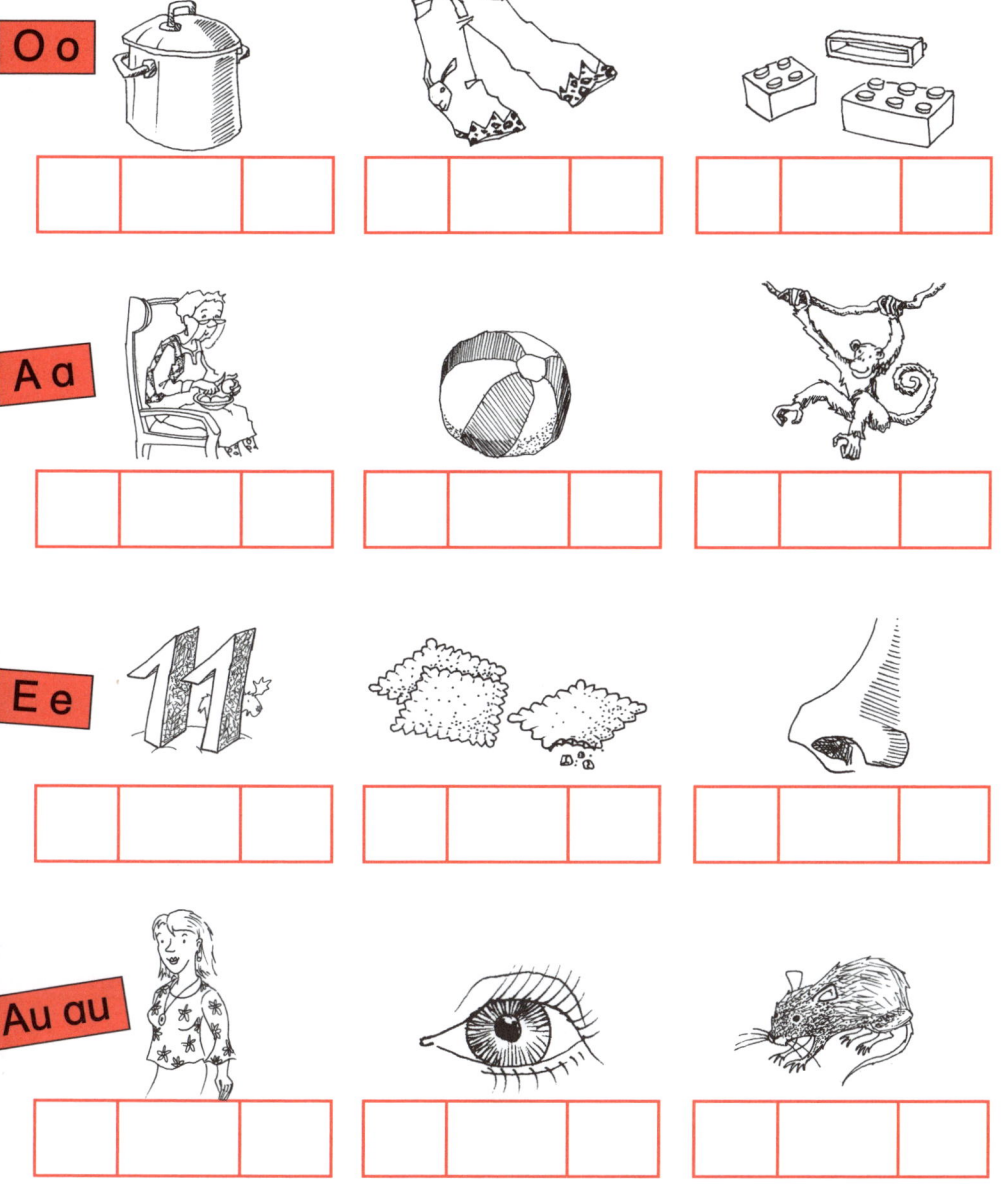

O o

A a

E e

Au au

Vokale: Wörter abhören und gesuchten Laut an die entsprechende Stelle schreiben (Anlaut – Inlaut – Auslaut).

Datum: _____

B___ch

M___nd

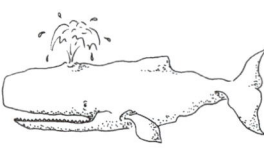

W___l

T___g___r

K___g___l

B___s___n

B___g___l

Fl___t___

K___f___g

Tr___b___

Z___t___ng

B___l___

Vokale (Dachbuchstaben) im Wort rot ergänzen.

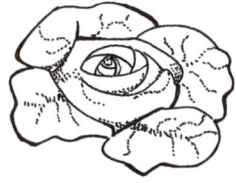

Wörter verschriften: Wörter abhören, die gehörten Laute
mit Hilfe des Buchstabenhauses notieren.

Datum: _____

▶ _____

▶ _____

_____

▶ _____

_____

Zu jedem Bild einen Satz schreiben.

Maler
Monat
Mantel

Iglu
Igel
Insel

Regen
Regal
Rasen

Nabel
Nudel
Nebel

Sand
Sandale
Sonne

Finger
Fenster
Feder

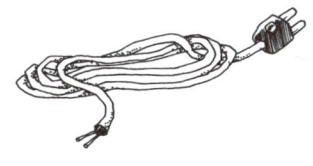

Kegel
Kugel
Kabel

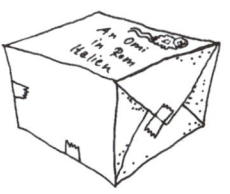

Paket
Park
Palme

Jeweils drei Wörter mit gleichem Anlaut lesen und
das Bild mit dem richtigen Wort verbinden.

Datum: _____

drei gelbe Dosen   ein rotes Herz

Der Fisch ist blau.

Er hat einen Wurm im Maul.

Der Krake hat acht Arme.

Er ist grün.

Wortgruppen bzw. Sätze lesen und Bilder entsprechend anmalen/ergänzen.

Regenpause

Es regnet.

Kein Kind kann auf den Schulhof.

Alle dürfen in der Klasse _____.

Fatma und Jonas holen sich Lego

aus dem _____.

Sie wollen einen hohen Turm _____.

Tim und Lena haben sich

Papier _____.

Sie wollen ein buntes Bild _____.

| Regal | malen | geholt | bauen | bleiben |

Text lesen und die Wörter passend einsetzen.

Das kann ich schon

1 Das kann ich schon. ◯ _____
Datum

2 Ich kenne mich im Buchstabenhaus aus. ◯
Ich kann hören, welche Wörter
am Anfang gleich klingen. ◯ _____
Datum

3 Ich kann Wörter in Silben zerlegen. ◯ _____
Datum

4 Ich kann hören, mit welchem Laut
ein Wort anfängt. ◯ _____
Datum

5 Ich kann hören,
wo ein Laut im Wort klingt. ◯ _____
Datum

6 Ich kann hören,
welcher Laut im Wort fehlt. ◯ _____
Datum

7 Ich kann Wörter schreiben. ◯ _____
Datum

8 Ich kann Sätze schreiben. ◯ _____
Datum

9 Ich kann Wörter lesen und verstehen. ◯ _____
Datum

10 Ich kann Sätze lesen und verstehen. ◯ _____
Datum

11 Ich kann eine Geschichte lesen
und verstehen. ◯ _____
Datum

Dieses Heft ist Bestandteil des TINTO-Erstlesebuchs.
Es ist außerdem im 10er-Pack bestellbar (ISBN 978-3-06-080132-9).

Erstlesebuch

von
Dr. Rüdiger Urbanek

Linda Anders
Ursula Brinkmann
Doris Frickemeier
Irmgard Mai
Gabriele Müller

illustriert von
Eva Czerwenka

Cornelsen

Inhalt

In der Schule

5

Ich bin ich

Ich bin Fatma.
Ich bin 6 Jahre.
Meine Mama spricht Türkisch.
Ich kann Türkisch und Deutsch.

Ich bin Jonas.
Ich bin 6.
Mein Papa ist in Nigeria geboren.
Ich war noch nie in Nigeria.

Ich bin Tim.
Ich bin 6 Jahre alt.
Meine Mama arbeitet
oft lange.
Ich bin immer bis 4
in der Schule.

Ich bin Lena.
Ich bin 7 Jahre alt.
Ich kann schon lesen.
Das hat mir mein Opa gezeigt.

Wir sind wir

Text und Melodie: Rüdiger Urbanek

Schrei-ben, le - sen, rech-nen, sin-gen, ja, das ler-nen wir.

Fra-gen stel-len nach den Din-gen, da-rum sind wir hier.

Wenn wir unsre Hände fassen,
ja, dann spüren wir,
dass wir gut zusammenpassen.
Wir sind gerne hier.

7

Pause?

Ich bin Jule.

Ich schreibe gern.

Aber nun habe ich Hunger,

so einen Hunger.

A, mein Apfel!

Alles gesund?

Lolli

Jogurt

Paprika

Milch

Fladenbrot

Gurke

Tomate

Schokolade

Apfel

Tee

Möhre

Wasser

Banane

Saft

Käsebrot

Streit?

Das ist mein Anorak.

Nein, das ist mein Anorak.

Lass los, Lena!

Nein, Sara, lass du los!

Mal so – mal so

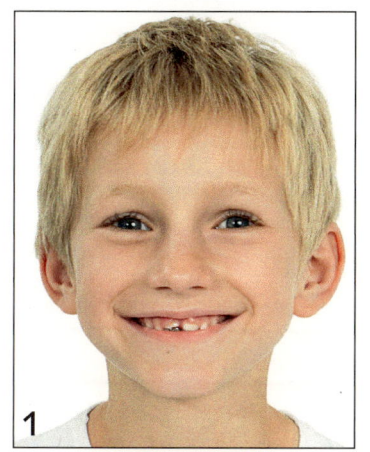

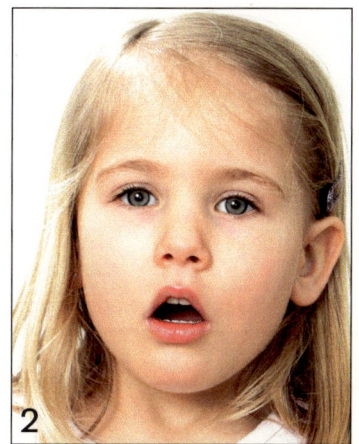

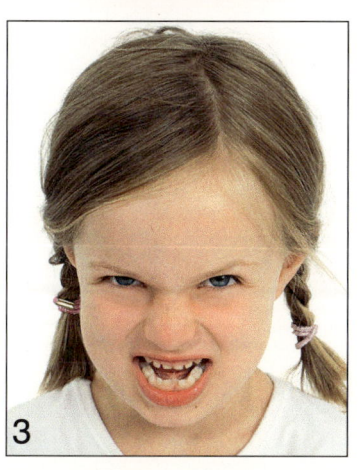

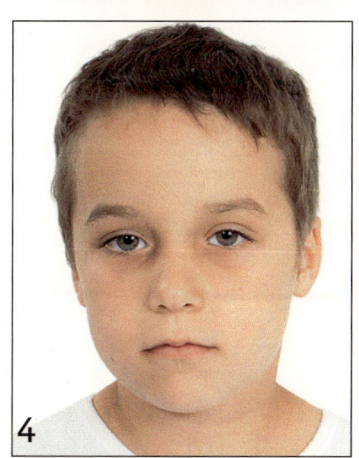

Auf der Straße

Mein Weg zur Schule

Mein Weg zur Schule
ist nicht schwer,
i-ei-i-ei-oh.
Ich geh ihn täglich
hin und her,
i-ei-i-ei-oh.

Aus dem Haus,
geradeaus,
an der Fahrbahn
bleib ich stehn.
Ich seh nach links,
nach rechts und links,
wenn alles frei ist,
kann ich gehn.

14

Und an der
großen Kreuzung dann
seh ich mir erst
die Ampel an,
und springt sie um
von Rot auf Grün,
dann kann ich endlich
weiterziehn.

Zur nächsten Ecke
geh ich hin,
bis ich am
Zebrastreifen bin,
und da kann ich
erst weitergehn,
wenn wirklich
alle Autos stehn.

Rolf Zuckowski

Am Bus

Lena hat einen weiten Weg
zur Schule.
Sie fährt jeden Tag mit dem Bus.

16

An der Ampel

Herr Rode
ist Polizist.
Er hilft
den Kindern.

Was muss ich tun,
wenn die Ampel aus ist?

Manchmal schaltet
die Ampel auf Rot,
wenn ich schon
auf der Straße bin.
Ich weiß, was ich
dann tun muss.

Nach der Schule

Ene mene mule,
wir sind jetzt in der Schule,
ene mene meck
und du bist weg.

Ich habe ein rotes Fahrrad
und einen roten Helm
und eine gelbe Weste.
Damit kann mich jeder gut sehen.

Was ist das?

Auto	Helm	Weste
Pedalo	Ball	Schild
Roller	Fahrrad	Inliner

Im Herbst

Rätsel

Groß wie ein Haus,

klein wie eine Maus,

spitz wie ein Igel,

glatt wie ein Spiegel.

Was ist das?

Die Kastanie

22

Wurfkastanien basteln

Du brauchst: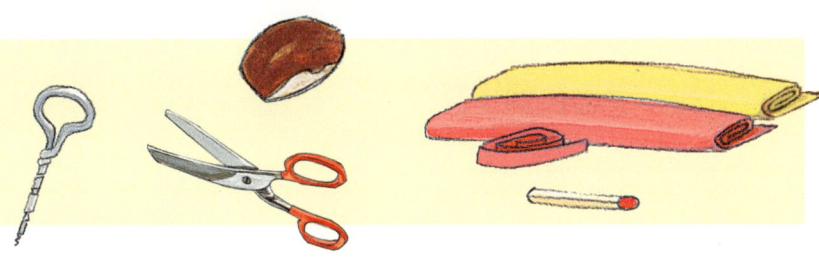

1. Bohre ein Loch in die  .

2. Schneide zwei  aus  .

3. Falte die  in der Mitte.

4. Mach die  mit dem  im Loch fest.

5. Brich das  ab.

Der Igel

In der Nacht ist der Igel wach.

Er hat Hunger und wandert weit.

Käfer, Würmer und Schnecken
mag der Igel gern.

24

Im Herbst frisst
der Igel sich Fett an.
Im Winter schläft er
in einem Nest
aus Blättern.

Der Igel hat eine feine Nase
und gute Ohren.
Er kann besser riechen und hören
als ein Hund.

Der Igel rollt sich
zu einer Kugel.
Warum?

Zum Nachdenken

Ein Igel geht

vor zwei Igeln.

Ein Igel geht

zwischen zwei Igeln.

Ein Igel geht

hinter zwei Igeln.

Wie viele Igel

sind das wohl?

Ute Andresen

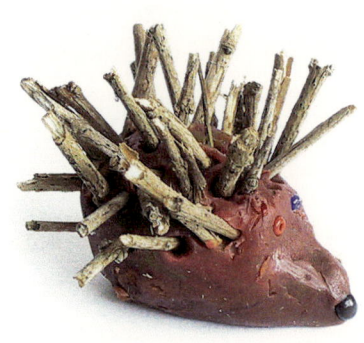

Winterschlaf

Melodie: nach einer schwedischen Volksweise
Text: K. W. Hoffmann

Klei-ne I-gel schla-fen gern den gan-zen Win-ter lang.

1. Wenn sie Re - gen hö - ren,
2. Wenn sie Sturm-wind hö - ren,
3. Wenn sie Don - ner hö - ren,   kann sie das nicht stö - ren.
4. Wenn sie Schnee-fall hö - ren,

Den-ken: Was soll das schon sein? Und schla-fen wie-der ein.

Kleine Igel schlafen gern

den ganzen Winter lang.

1. Regen   2. Sturmwind

3. Donner   4. Schneefall

Zu Hause

Ich kaufe ein

Eier Salami
Milch Tomaten
Äpfel Spagetti
Butter Fischfutter
Käse Waschmittel

Haben wir schon alles?

Wohin mit dem Müll?

Müllabfuhr
Mo Di Mi Do Fr

Halt! Die Zeitungen gehören nicht in die gelbe Tonne!

Freunde

Tim kommt
nach Hause.
Er schreibt an Lena
eine E-Mail.

An Lena@wub.de
Kopie
Betreff Tinto

Hallo Lena!
Kommst du morgen
zu mir?
Ich habe jetzt eine Katze!
Viele Grüße von Tim

So groß wie ein Baum

Text: Reinhard Feuersträter
Melodie: Reinhard Horn

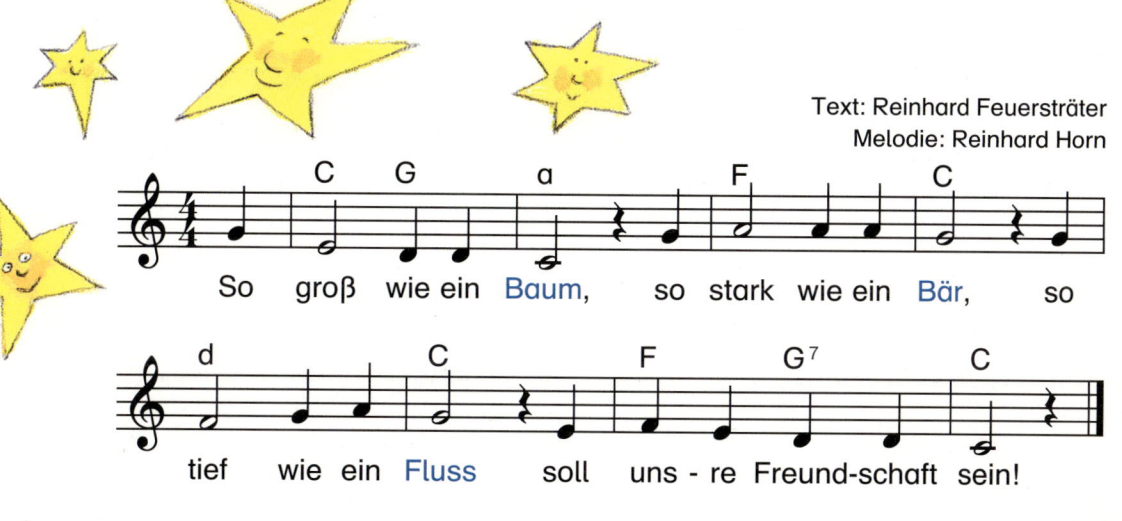

So groß wie ein Baum, so stark wie ein Bär, so

tief wie ein Fluss soll uns - re Freund-schaft sein!

So weit wie das Meer,
so hoch wie ein Haus,
so hell wie ein Stern
soll unsre Freundschaft sein!

So bunt wie ein Bild,
so breit wie der See,
so schön wie der Wald
soll unsre Freundschaft sein!

Oma sucht Mira

Manchmal ruft meine Oma:

Wo ist denn
meine Schmusekatze?

Dann verstecke ich mich
ganz schnell.
Ich bin keine Schmusekatze.

Oma sucht mich.

Hat meine süße Maus
sich versteckt?
Mach mal piep,
kleine Maus!

Aber die kleine Maus
macht nicht piep.
Ich bin keine kleine Maus.
Das weiß ich ganz genau.
Darum mache ich auch nicht piep.

Oma denkt nach.

Ich warte.

Plötzlich fällt Oma etwas ein.

Ich altes Schaf!
Ich alter Esel!
Wie konnte ich das vergessen.
Du bist ja keine kleine Maus!
Du bist ja die Mira!

Gut, dass sie das noch weiß!

Elisabeth Zöller

Mein Tag

morgens

vormittags

mittags

nachmittags

abends

nachts

kuschelecke

Die Woche

7 Sonntag
6 Samstag
5 Freitag
4 Donnerstag
3 Mittwoch
2 Dienstag
1 Montag

Justine

Geburtstag

Januar

Februar

März

April

Mai

Juni

Hallo Omi!
Morgen singen wir
in der Schule nur für mich.
Rate mal, warum!

Ida ist da!
Geboren am 5. April 2006
3 400 g – 52 cm
Wir freuen uns!
Daniel und Silke Wolf

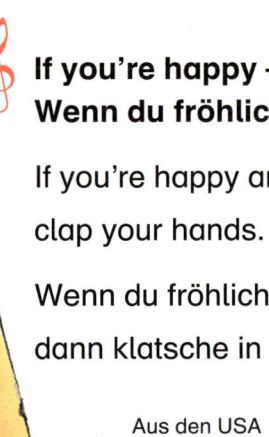

EINLADUNG
Lieber Max,
ich feiere meinen
7. Geburtstag
am 12. Oktober
um 15 Uhr.
Ich freue mich,
wenn du kommst.
Dein Nickel

**If you're happy –
Wenn du fröhlich bist**

If you're happy and you know it,
clap your hands.

Wenn du fröhlich bist,
dann klatsche in die Hand.

Aus den USA
Deutscher Text: G. Schöne

Nickels Geburtstag

Am Tag vor Nickels Geburtstag
schauen sich Mama, Nickel und Jola
ein Fotoalbum an: „Hier, auf dem Foto
warst du noch gar nicht geboren",
sagt Nickel-Mama.
„Da warst du noch in meinem Bauch.

29. September   12. Oktober – Nickel ist da!

Und dieses Bild ist vom 12. Oktober
vor sieben Jahren. Da warst du gerade
ein paar Stunden alt."
„Er hat ja gar keine Haare gehabt", sagt Jola.
Nickel-Mama lacht. „Nein, er hatte eine Glatze.
Wie sein Opa."
„Habt ihr euch trotzdem über mich gefreut?",
fragt Nickel.
Seine Mutter gibt ihm einen Kuss. „Und wie!"

Mirjam Pressler

Juli

August

September

Oktober

November

Dezember

Die vier Jahreszeiten

Frühling

Text und Rhythmus:
Rüdiger Urbanek

|: Re -gen-trop-fen fal - len, :|

|: trom-meln auf die Au-to-dä-cher.:|

|: Blit - ze zu -cken: :|

|: Rum bum bum bum bum! :|

Winter

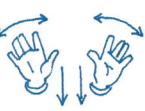
|: Schnee -flo -cken fal - len, :|

|: roll mir ei -nen Ball, :|

|: nas - se Hän - de: :|

|: wisch und weg. :|

Sommer

I: Son-nen-strah-len blin - ken, :I

I: ma-chen mich ganz warm, :I

I: kit - zeln in der Na - se: :I

I: Hat - - - - - - - schi! :I

Herbst

I: Ne - bel-schwa-den wal - len, :I

I: weiß und weich, :I

I: küh - le Win - de we - hen: :I

I: und weg. :I

43

Hokuspokus

Morgens früh um sechs

Morgens früh um sechs
kommt die kleine Hex.

Morgens früh um sieben
schabt sie gelbe Rüben.

Morgens früh um acht
wird Kaffee gemacht.

Morgens früh um neun
geht sie in die Scheun.

Morgens früh um zehn
holt sie Holz und Spän.

Feuert an um elf,
kocht sie bis um zwölf
Fröschebein und Krebs und Fisch.
Hurtig, Kinder, kommt zu Tisch!

Volksgut

So kocht die Hexe

Die Spinat Wa Fertisch
Aba Die Hexe Wa
Stolzauf Sich
Die Sakt ich kan koche
ich Bin eine. Koch Hexe
ich HaBe ZauBa Buch

Lisbet zaubert
salat mit Spaeti und
Eihe maus
Lisbet zaubers
schleim mit spinen
beihe

Der Spinat war fertig,
aber die Hexe war
stolz auf sich.
Sie sagte: „Ich kann kochen,
ich bin eine Koch-Hexe,
ich habe ein Zauberbuch."
Esra

Lisbet zaubert
Salat mit Spagetti
und eine Maus.
Lisbet zaubert Schleim
mit Spinnenbeinen.
Niklas

Hokuspokus, eins, zwei, drei –
fertig ist der Krötenbrei!

Hexengeflüster

hissi missi i i i

opo lunga rutta ma

bumbo ungu luga ho hoho ho

fiti missi riri ki ii ii

rübü sübüdü müsü üsü

hihi hihi hihi

Feuerhexe

Wasserhexe

48

Eine Hexentreppe basteln

Du brauchst
zwei Streifen Tonpapier.

Klebe das Tonpapier
so zusammen.

Falte nun immer einen Streifen
über den anderen.

Aus fünf Hexentreppen und
buntem Papier für den Kopf
kannst du einen
Hexentreppen-Hampelmann
basteln.

Der gestiefelte Kater

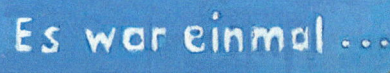

Es war einmal ...

Sei nicht traurig, gib mir ein Paar Stiefel und einen Sack. Dann wirst auch du dein Glück machen.

Der jüngste Sohn eines Müllers hatte nach dem Tod seines Vaters nur den Kater geerbt.

Dies schickt Euch, Herr König, mein Herr, der Graf von Carabas!

Eurem Herrn sei herzlich gedankt.

Viele Male jagte der Kater im Wald und brachte die Beute als Geschenke zum König.

Eines Tages ...

Zu Hilfe! Zu Hilfe! Mein Herr ertrinkt! Seine Kleider wurden gestohlen!

Der König ließ prächtige Kleider aus seinem Schloss holen. Damit sah der Müllerssohn wirklich aus wie ein Graf.

Herr Graf, wir bringen Sie natürlich in Ihr Schloss.

Dort hinten ist es!

Eigentlich gehörte das Schloss einem reichen Zauberer ...

Schnell rannte der Kater zum Schloss des Zauberers.

Der Kater fraß die Maus auf.

Der König bestaunte das große und schöne Schloss.

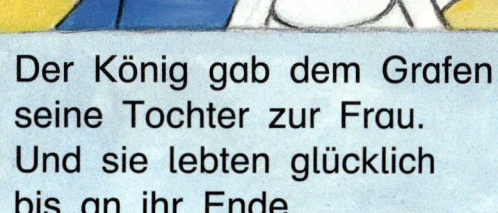

Der König gab dem Grafen seine Tochter zur Frau. Und sie lebten glücklich bis an ihr Ende.

nach Charles Perrault

51

Mein Körper

ÄRZTEHAUS
- Dr. Anton Glubsch
  Augenarzt
- Simone Gurr
  Praxis für
  Ergotherapie
- Dr. Hans Wusel
  Praxis für
  Kinderheilkunde
- Dr. Anne Schnalz
  Zahnärztin

ÄRZTEHAUS

22

ZIEHEN

EINGANG

Das Auge

Schmelz
Wurzel

Kreislauf

Magen/Darm

WASCHI
für die
reife Haut

TOV-TOV

PICKEL-EX!

MONSTERPACK
€ 15.-

DRÖHNOL
gegen
Kopfweh

VITAMINETTEN

53

Beim Augenarzt

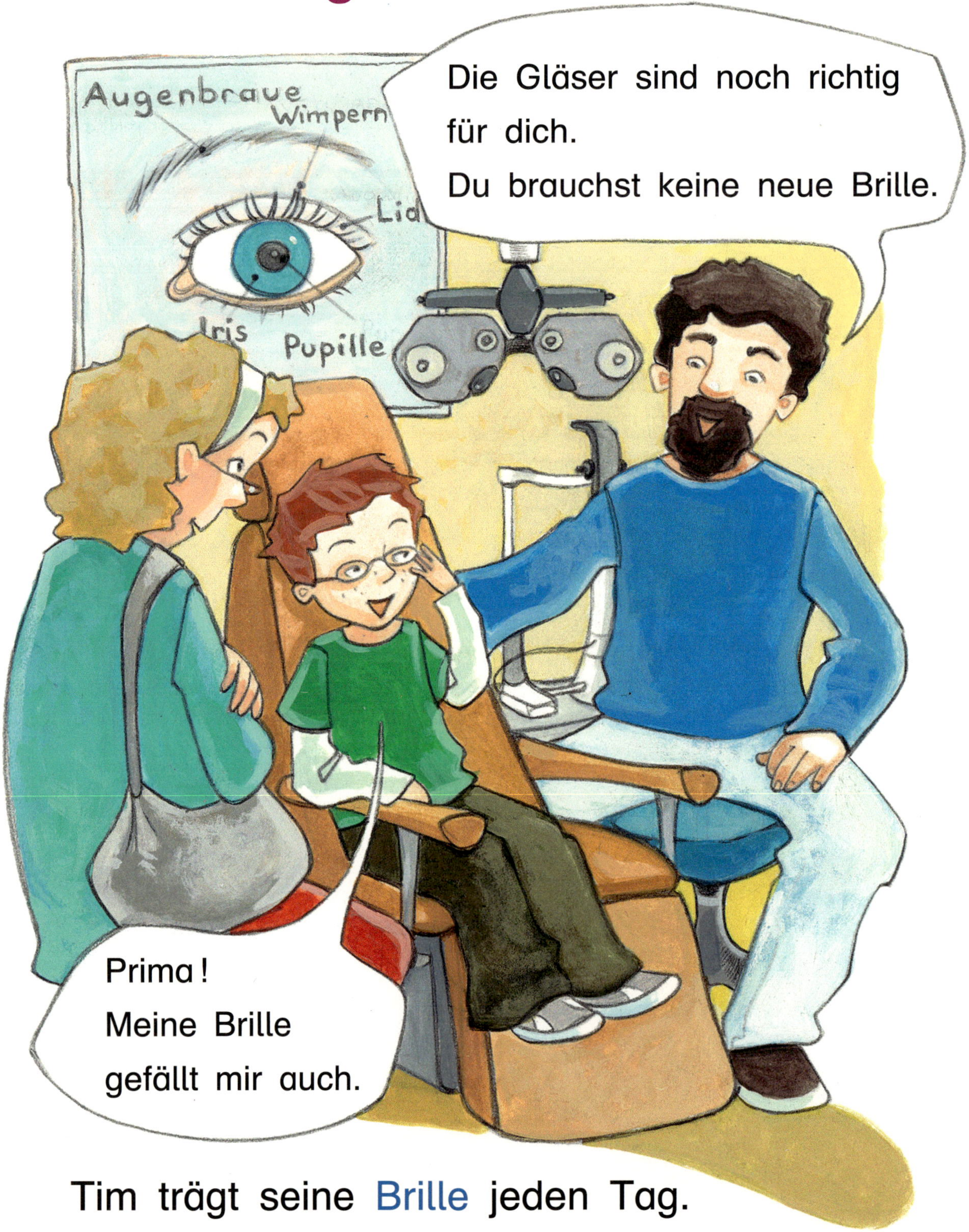

Die Gläser sind noch richtig für dich.
Du brauchst keine neue Brille.

Prima!
Meine Brille gefällt mir auch.

Tim trägt seine Brille jeden Tag.
So kann er alles deutlich sehen.

Unsere Sinne

schmecken

riechen

hören

fühlen

sehen

Die Zähne

Babys haben keine Zähne.

Kleine Kinder bekommen 20 Milchzähne.

Beim Schulkind fallen sie

nach und nach heraus.

Es wachsen

28 neue Zähne.

Manchmal kommen noch

4 Backenzähne dazu.

Zähne müssen gut gepflegt werden.

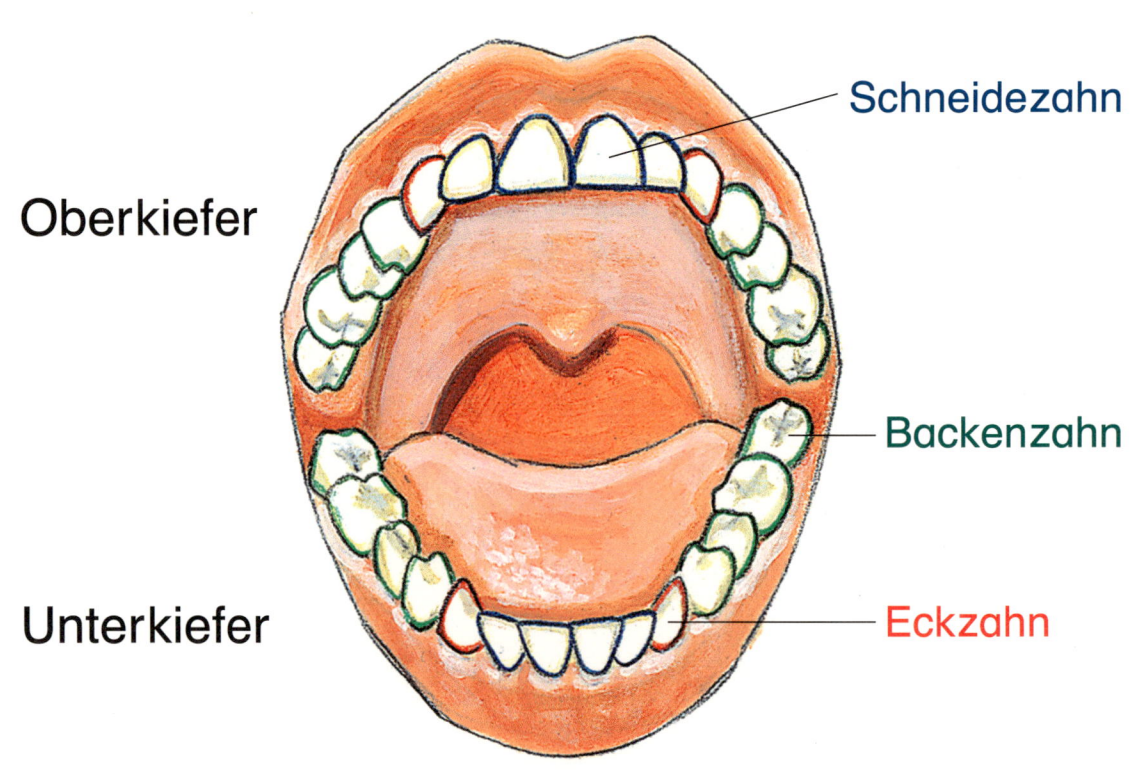

Schneidezahn

Oberkiefer

Backenzahn

Unterkiefer

Eckzahn

Neue Zähne

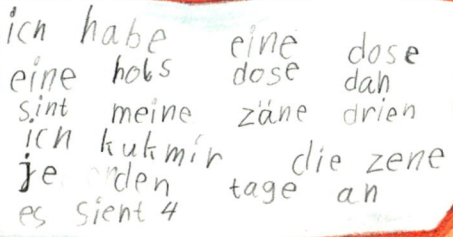

ich habe eine dose
eine hols dose dah
sint meine zäne drien
ich kukmir die zene
je rden tage an
es sient 4

Ich habe eine Dose,
eine Holzdose.
Da sind meine Zähne drin.
Ich gucke mir die Zähne
jeden Tag an. Es sind vier.

Paul

ich Ware schomal beim zananzt.
da was schön ich Hate keineanks.
ich Wa, beim zananzt aleine.
drin. ich Lag au Feinen.
stul   Lena

Ich war schon mal beim
Zahnarzt. Das war schön.
Ich hatte keine Angst.
Ich war beim Zahnarzt
alleine drin.
Ich lag auf einem Stuhl.

Lena

Katja

mein linker Zan ist loker es ist psirt
wal ich mit Legogespilt habe und
wal ein lego teil ganz fest wa und
ich mit meine Zene das legoteil
rausgzogen habe
Katja

Mein linker Zahn ist locker.
Es ist passiert, weil ich mit Lego gespielt habe
und weil ein Legoteil ganz fest war und ich mit
meinen Zähnen das Legoteil rausgezogen habe.

Katja

Wer bin ich?

Mit meinen Nagezähnen knacke ich Nüsse. ①

Ich brauche ② keinen Zahn. Meine Beute schlinge ich ganz hinunter.

Ich habe ③ zwei Zähne, die giftig sind.

Meine vier ④ Eckzähne sind besonders spitz.

Meine beiden Stoßzähne sind aus Elfenbein. ⑤

Wem tut kein Zahn weh?

 Heute hatte Arbeit,

fast zuviel,

Tierzahnarzt Max Halifax.

Tiger, Zebra,

Bär und Krokodil,

Hirsch, Frosch, Kalb,

Fuchs und auch Dachs,

Nilpferd, Pony,

Has und Reh

kamen an:

„Ein Zahn tut weh!"

So riefen sie

und klagten sehr.

Einer hat geschwindelt.

Wer?

Josef Guggenmos

Im Frühling

Frühling

Nun bleibt es länger hell.

Die  kommen aus der Erde.

Auf der Wiese leuchten gelbe .

Die Bäume werden grün.

Die  blühen in bunten Farben.

Die Vögel singen.

 und  bauen ihre Nester.

Jetzt ist der Frühling da!

Meisen   Krokusse   Tulpen   Amseln   Osterglocken

Versuch es doch mal!

Du brauchst:

- ◎ eine Tulpe mit weißer Blüte
- ◎ ein Messer
- ◎ ein Glas
- ◎ Wasser
- ◎ Tinte

So geht es:

Fülle etwas Wasser in das Glas.

Gib viel Tinte dazu.

Schneide den Stängel

der Tulpe frisch an.

Stelle die Tulpe

in das gefärbte Wasser.

Der Lenz ist da

Roller aus dem Keller,
Katze aus dem Haus,
Blüten aus den Knospen,
alles kommt heraus.

Kinder aus den Stuben,
Küken aus dem Ei,
Vögel aus dem Süden
sind auch bald dabei.

Alfons Schweiggert

Singt ein Vogel

Text und Melodie: Heinz Lau

Singt ein Vogel, singt ein Vogel,
singt im Märzenwald,
kommt der helle, der helle Frühling,
kommt der Frühling bald.

Komm doch, lieber Frühling,
lieber Frühling, komm doch bald herbei,
jag den Winter, jag den Winter fort
und mach das Leben frei.

Blüht ein Blümlein, blüht ein Blümlein,
blüht im Märzenwald,
kommt der helle, der helle Frühling,
kommt der Frühling bald.

Komm doch, …

Scheint die Sonne, scheint die Sonne,
scheint im Märzenwald,
kommt der helle, der helle Frühling,
kommt der Frühling bald.

Komm doch, …

Die Amsel

Im Frühling baut
die Amsel ein Nest.
Mit Gräsern und Moos
wird es weich gepolstert.

Das Amselweibchen hat
vier Eier ins Nest gelegt.
An ihrer Farbe kannst
du sie erkennen.

Die Eier müssen
gewärmt werden.
Zwei Wochen lang brütet
das Amselweibchen.
Manchmal hilft
das Männchen mit.

Ein Junges ist geschlüpft.

Die Augen sind geschlossen.

Es ist noch nackt.

Deshalb braucht es

viel Wärme.

Die Jungvögel haben immer Hunger.

Sie sperren die Schnäbel weit auf.

Die Eltern bringen ihnen Spinnen,

Würmer, kleine Schnecken und Beeren.

Am Wasser

Im Hafen

Ich bin der Kapitän der Santa Maria.
Wir fahren Schrott nach Dortmund.
Auf der Rückfahrt laden wir Steine.

Ich kann den ganzen Tag angeln.
Als Rentner habe ich dafür Zeit.
Manchmal kommt mein Enkel mit.
Dann macht es noch mehr Spaß.

Mir gehört diese Pommesbude.
Was magst du lieber:
Pommes mit Mayo oder Ketchup?
Würstchen verkaufe ich auch.
Und natürlich Getränke.

Mein Kran hebt schwere Lasten
von den Schiffen.
Neulich mussten wir einen Bagger
an Land holen.

Versuche mit Wasser

Was schwimmt, was sinkt?

Warum schwimmen Schiffe?

Was passiert mit dem Wasserstand?

Bilder mit Schiffen

Fischerboote auf dem Meer, 1888
Vincent van Gogh

Abenteurerschiff, 1927
Paul Klee

Schifflein auf dem Bach

Ein hübsches Schifflein
bauten wir,
ein schneeweißes Schifflein
aus Papier.

Ist es auch klein,
so schwimmt es doch.
Es schwimmt auf dem Bach –
fährt immer noch.

Und kommt es nicht weit:
Ein kleines Stück
erlebte es
das Seefahrerglück.

Josef Guggenmos

Sam und das Meer

Sam war eine Flussratte,
die vom Meer träumte.

Tagsüber,
wenn Sam im Garten arbeitete
oder den Zaun reparierte,
summte er Seemannslieder.

Dann entdeckte Sam
eine Anzeige in der
Aktuellen Flussrundschau.

Er gönnte sich nichts mehr,
sparte an allen Ecken und Enden
und bestellte die Baupläne.

Endlich kam ein Paket.
Die Tage vergingen
und Sam baute ein Boot.

Als es Frühling wurde,
war das Boot fertig.

Sam taufte es RATTENPFOTE
und lud alles ein, was er brauchte.

Sam segelte den Fluss hinunter
bis zum Meer seiner Träume.
Unter ihm sangen die Wellen.
Der Sturm zerzauste ihn
und der Wind zerrte
am Boot.
Wale spritzten Fontänen
und Delfine sprangen
durch das Wasser.

Nachts knabberte Sam Käse und Kräcker
und betrachtete den Mond,
der über dem Segel auf und ab tanzte.

Phyllis Root

Auf der Baustelle

Der Maurer

Ich bin Lenas Papa.

Ich bin Maurer.

Auf der Baustelle

schützt mich mein Helm.

Mit der Kelle gebe ich Mörtel

auf die Steine.

Der Mörtel wird hart.

Durch ihn kleben

die Steine aneinander.

Außerdem brauche ich eine Wasserwaage.

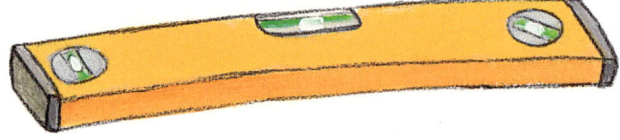

Manchmal muss ich

auf einem hohen Gerüst arbeiten.

Mauern bauen

Baut diese Mauern gemeinsam.

Rollt einen Ball dagegen.

Welche Mauer hält am besten?

Wer will fleißige Handwerker sehn?

Refrain:

Wer will fleißige Handwerker sehn,
der muss zu uns Kindern gehn.

1. Stein auf Stein, Stein auf Stein,
   das Häuschen wird bald fertig sein.

2. O wie fein, o wie fein,
   der Glaser setzt die Scheiben ein.

3. Tauchet ein, tauchet ein,
   der Maler streicht die Wände fein.

4. Zisch, zisch, zisch, zisch, zisch, zisch,
   der Schreiner hobelt glatt den Tisch.

Volksgut

Eine Hütte bauen

Murat, Tim und Lena bauen eine Hütte.

Sie klopfen

mit einem dicken Stein

Pfosten in die Erde.

Sie nageln Bretter daran

und ein altes Fenster.

Tim hat einen Nagel

schief eingeschlagen.

Was nun?

81

Das Haselnuss-Haus

Das Haselnuss-Haus ist

eine gemütliche kleine Wohnkugel

aus Holz.

Sie hängt hoch oben in den Bäumen.

Wenn du darin schläfst,

bist du ein Teil des Waldes.

Mein Wunschhaus

Ich finde ein Haus
nur schön, wenn
das Dach so ist
und das Holz bunt.
Das war alles.

Jonas

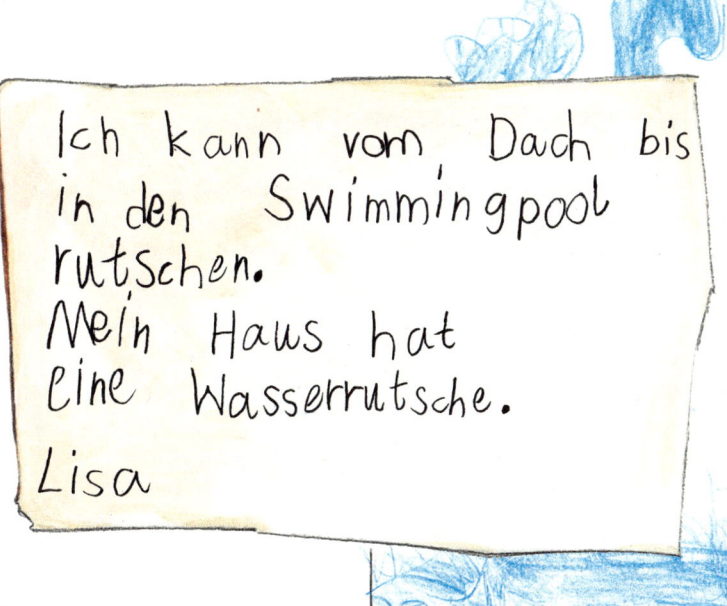

Ich kann vom Dach bis
in den Swimmingpool
rutschen.
Mein Haus hat
eine Wasserrutsche.

Lisa

Unterwegs

Sommerzeit – Ferienzeit

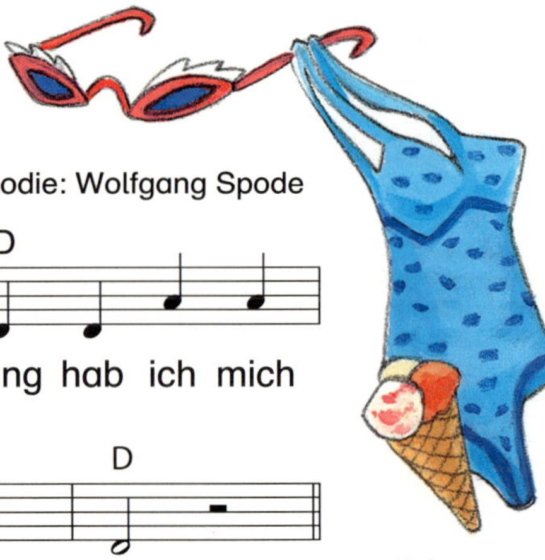

Text und Melodie: Wolfgang Spode

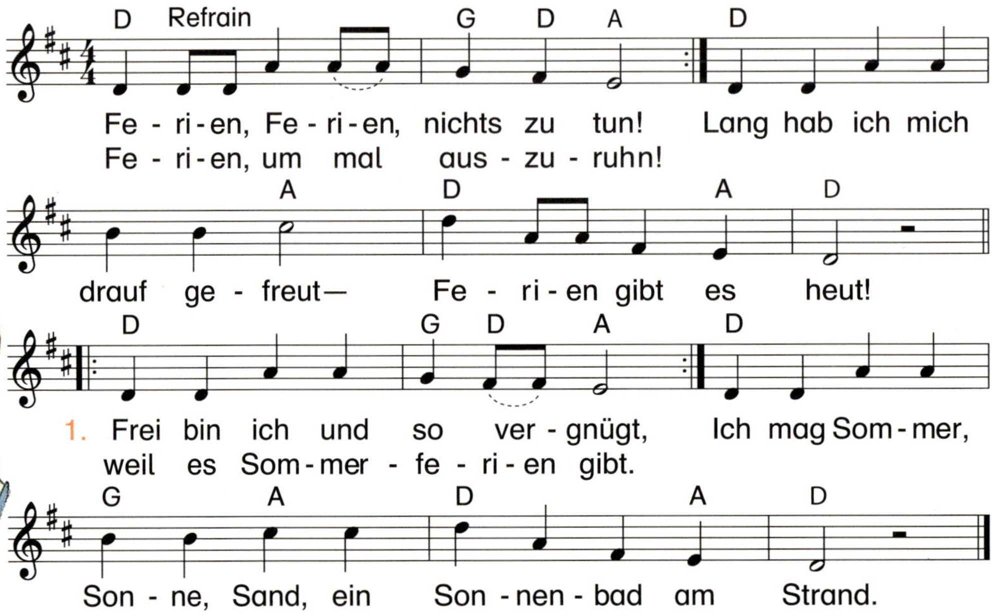

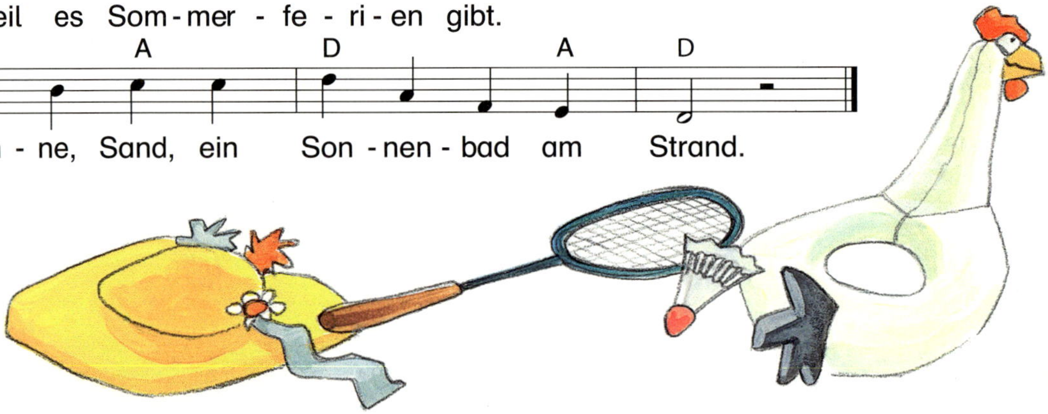

Refrain

Fe - ri - en, Fe - ri - en, nichts zu tun! Lang hab ich mich
Fe - ri - en, um mal aus - zu - ruhn!

drauf ge - freut— Fe - ri - en gibt es heut!

1. Frei bin ich und so ver - gnügt, Ich mag Som - mer,
weil es Som - mer - fe - ri - en gibt.

Son - ne, Sand, ein Son - nen - bad am Strand.

2. Reisen um die halbe Welt,
einfach tun, was mir gefällt!
Wandern, baden, Spiel und Spaß
und faulenzen im Gras.

3. Einer schwitzt im Wüstensand,
andre fahrn nach Ameland.
Einfach mal was andres sehn –
wer kann das nicht verstehn?

Ferien bei Oma und Opa

„Einfach ungerecht ist das", sagt Nils.

Er schubst seinen Rucksack in die Lücke

neben Autotür und Kindersitz.

„Ich will auch etwas Spannendes in den Ferien machen."

Mama schaut in den Rückspiegel.

„Ist es denn bei Oma und Opa nicht spannend?",

fragt sie überrascht. „Das letzte Mal hat es dir

dort so gut gefallen, dass du gar nicht mehr

zu uns zurück wolltest."

Nils schiebt die Unterlippe vor.

Ja, letztes Mal war es noch in Ordnung gewesen.

Aber dieses Jahr?

Dieses Jahr macht Nils′ Schwester

eine Rucksackreise nach Frankreich.

Und Nils′ bester Freund Enno

fährt mit seinen Eltern in einen Park,

in dem lauter wilde afrikanische Tiere frei herumlaufen.

Wahnsinnig gern würde Nils auch mal

einen Löwen sehen, aber bei Oma und Opa

in Kleinwesterhagen würde daraus sicher nichts werden.

Da gab es nur den alten Kater Moses,

der die meiste Zeit auf dem Sofa schlief.

Oberöde!

Corinna Gieseler

Nah und fern

1 In London ist der Palast der englischen Königin. Vor dem Palast stehen Soldaten mit großen Mützen aus Bärenfell.

A

B

2 Pilsum ist ein kleiner Ort an der Nordsee. Der Leuchtturm von Pilsum ist gelb und rot.

3 Die Öresundbrücke ist fast 8 Kilometer lang. Über diese Brücke kann man von Dänemark nach Schweden fahren.

C

D

4 In Ägypten stehen die Pyramiden. Sie sind schon viele tausend Jahre alt. Dort sind die Pharaonen begraben.

Post aus weiter Ferne?

Liebe Sina,
mir gefällt es hier an
der Nordsee sehr gut.
Jeden Tag gehen wir
baden. Wir haben
auch schon Seehunde
gesehen.
Viele Grüße auch von
Mama und Papa,
deine Lena

Postkarte

An

Sina Kordes

Neue Str. 12
(Straße und Hausnummer)

47653   Werl
(Postleitzahl)   (Bestimmungsort)

Schöne Grüße
von der
NORDSEE

Hallo Tom!
Danke für deine Urlaubs-
post. In diesem Jahr
verreisen wir nicht, weil
Papa keine Arbeit hat.
Gestern war ich mit
Mama und Kira im Zoo.
Das war toll. Kommst
du mich besuchen?

Bis bald, dein Jan

Postkarte

An

Tom Nolte

Blumenstraße 23
(Straße und Hausnummer)

10243   Berlin
(Postleitzahl)   (Bestimmungsort)

BERLIN

Antalya liegt am Mittelmeer

Ich freue mich schon sehr auf die Ferien.
Wir fahren zu Oma nach Antalya.
Das ist eine große Stadt in der Türkei.
Antalya liegt am Mittelmeer.
Im Sommer ist es dort ganz warm.

Mit meiner Oma spreche ich Türkisch.
Wenn Oma mich morgens weckt,
sagt sie: „Günaydın!"
Das heißt: „Guten Morgen!"

Günaydın

Kalk artık

Kalk artık sabah oldu.
Her taraf sesle doldu.
Güneş doğdu ufku açtı.
Okul vakti yaklaştı.

türkisches Volksgut

Bonjour

Доброе утро

Goedemorgen

Guten Morgen

Kalimera

Dzien dobry

Jebba liegt am Niger

Ich bin schon ganz aufgeregt!
Wenn die Ferien anfangen,
fliegen wir zu meinem Onkel
nach Nigeria.
Nigeria ist ein Land in Afrika.
Ich war noch nie dort.
Mein Onkel wohnt in Jebba.
Jebba liegt am Niger,
einem ganz großen Fluss.

In Nigeria gibt es viele Völker.
Sie sprechen verschiedene Sprachen.
Bei meinem Onkel sprechen alle Yoruba.
In der Schule lernen die Kinder Englisch.
Aber nicht alle Kinder können zur Schule gehen.
Das finde ich doof!

Ob es mir
in Nigeria
gefallen wird?

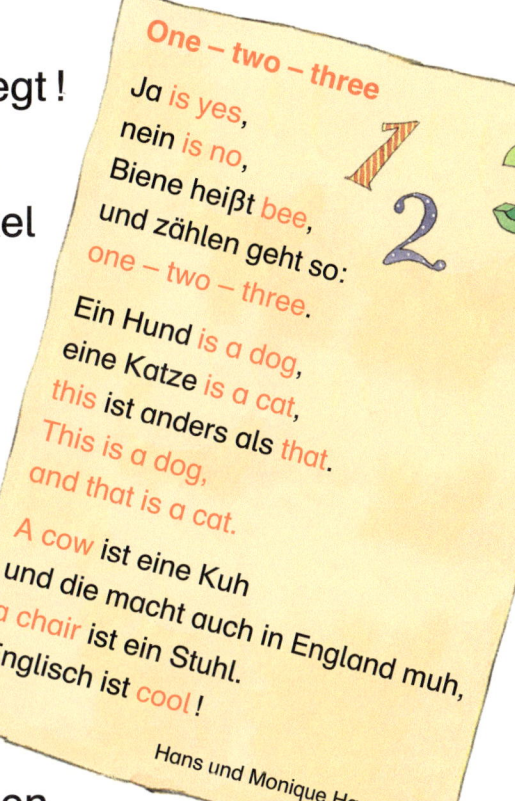

One – two – three

Ja is yes,
nein is no,
Biene heißt bee,
und zählen geht so:
one – two – three.
Ein Hund is a dog,
eine Katze is a cat,
this ist anders als that.
This is a dog,
and that is a cat.
A cow ist eine Kuh
und die macht auch in England muh,
a chair ist ein Stuhl.
Englisch ist cool!

Hans und Monique Hagen

Good morning

Ku aro

91

Feste im Jahr

Sankt Martin

Martin lebte vor langer Zeit.

Er war Soldat.

Eines Tages stand ein armer Mann

am Wegrand.

Er fror.

Martin teilte seinen Mantel

mit dem Schwert.

Er schenkte dem Mann

den halben Mantel.

Da war

der arme Mann froh.

Nikolaus

Holler, boller, Rumpelsack,
Niklas trug sie huckepack,
Weihnachtsnüsse, gelb und braun,
runzlig, punzlig anzuschaun.

Knackt die Schale, springt der Kern,
Weihnachtsnüsse ess ich gern.
Komm bald wieder in mein Haus,
guter, alter Nikolaus!

Albert Sergel

Weihnachtszeit

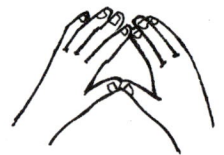
Im Weihnachtsstall zu Bethlehem,
da war es schrecklich unbequem.

Der Wind blies rau und eisig kalt
durch jeden Tür- und Bretterspalt.

Maria, Josef und das Kind,
die zitterten im Winterwind.

Fünf Schafe kamen von dem Feld
und haben sich dazugesellt.

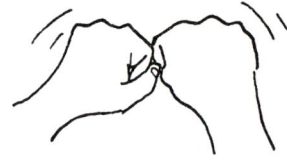
Schnell rückten alle dicht an dicht,
so fühlte man die Kälte nicht.

KNISTER

Hans Memling:
Dreikönigsaltar,
um 1470

Weihnachtslied

Text und Melodie: Wolfgang Longardt

1. Tragt in die Welt nun ein Licht. Sagt al-len:

„Fürch-tet euch nicht." Gott hat euch lieb, Groß und

Klein. Seht auf des Lich-tes Schein!

1. Tragt in die Welt nun ein Licht.
    Sagt allen: „Fürchtet euch nicht."
    Gott hat euch lieb, Groß und Klein.
    Seht auf des Lichtes Schein.

2. Tragt zu den Kranken ein Licht. ...

3. Tragt zu den Kindern ein Licht. ...

4. Tragt zu den Alten ein Licht. ...

Frohes Fest!

Ostern

Der Osterhase hat über Nacht

zwölf Eier in unseren Garten gebracht.

Eins legte er unter die Gartenbank,

drei in das grüne Efeugerank,

vier in das gelbe Tulpenbeet,

drei, wo die weiße Narzisse steht.

Eins legte er auf den Apfelbaumast,

da hat sicher die Katze mit angefasst.

Carl Ferdinands

98

Zuckerfest – Şeker Bayramı

Am Zuckerfest gehen wir
zu Verwandten und Freunden.
Wir begrüßen uns mit
„Bayramın kutlu olsun!".
Das bedeutet: „Frohes Fest!"
Die Kinder bekommen
Süßigkeiten geschenkt.

Muhammed

Einmal im Jahr haben wir
den Fastenmonat Ramadan.
Da dürfen wir nur essen,
wenn es draußen dunkel ist.
Wenn der Ramadan vorbei ist,
feiern wir das Zuckerfest.
Am Zuckerfest stehen wir ganz
früh auf. Die Männer gehen zur
Moschee.

Fatma

Inhaltsverzeichnis

♪ Hierbei handelt es sich um ein Lied mit Noten.

𝄞 Hierbei handelt es sich um ein Lied, die Noten finden Sie in den Handreichungen für den Unterricht (ISBN 978-3-06-082906-4). Alle Lieder finden Sie auf der Lieder-CD (ISBN 978-3-464-80270-0).

Textquellen

26 Ute Andresen: Zum Nachdenken. Aus: ABC und alles auf der Welt. Beltz Verlag, Programm Beltz&Gelberg, Weinheim und Basel 2002.

34/35 Elisabeth Zöller: Oma sucht Mira (Überschrift verändert). Aus: Elisabeth Zöller: Kleine Omageschichten (Auszug). © Cornelsen Verlag 2003 (Lizenzausgabe). Alle Rechte vorbehalten: Verlag arsEdition, München.

41 Mirjam Pressler: Nickels Geburtstag (Überschrift verändert). Aus: Jola und Nickel feiern Geburtstag (Auszug). Loewe Verlag, Bindlach 1995.

59 Josef Guggenmos: Wem tut kein Zahn weh? (Text leicht verändert). Aus: Zwei mit vier Beinen. Beltz Verlag, Programm Beltz & Gelberg, Weinheim und Basel 1990.

64 Alfons Schweiggert: Der Lenz ist da. Aus: Wolfgang Freitag/ Carola Hoffmann (Hrsg.): Das große bunte Vorlesebuch für Frühling und Ostern. Pattloch Verlag, München 2003. © Alfons Schweiggert.

73 Josef Guggenmos: Schifflein auf dem Bach. Aus: Oh, Verzeihung, sagte die Ameise. Beltz Verlag, Programm Beltz & Gelberg, Weinheim und Basel 1990.

74/75 Phyllis Root: Sam und das Meer (aus dem Englischen von Salah Naoura). Beltz Verlag, Weinheim/Basel 2006. © 1994 Beltz & Gelberg. Alle Rechte für die deutschsprachige Ausgabe vorbehalten.

87 Corinna Gieseler: Ferien bei Oma und Opa (Überschrift verändert). Aus: Bootsfahrt mit Opa (Auszug, gekürzt). In: Corinna Küpper (Hrsg.): Die schönsten Geschichten zum Vorlesen. Verlag Heinrich Ellermann GmbH, Hamburg 2006. © Corinna Gieseler.

91 Hans und Monique Hagen: One-two-three. Aus: Wie sehr ich dich mag. Verlag Friedrich Oetinger, Hamburg 2001.

95 Albert Sergel: Holler, boller Rumpelsack. In: Morgen Kinder kommt das Christkind. Arena Verlag, Würzburg 2001. Original: Ringelreihen, Franz Schneider Verlag, Berlin u. Leipzig 1921.

96 KNISTER: Fingerspiel. Knuspermaus im Weihnachtshaus. Edition Bücherbär im Arena Verlag, Würzburg 2002.

98 Carl Ferdinands: Ostern (Zwölf Ostereier). Aus: Die Jahreszeiten. Alfred Hahns Verlag, Leipzig, vor 1924.

Bildquellen/Fotos

9 Milch, Fladenbrot: Ursula Brinkmann, Dortmund; Jogurt, Käsebrot, Tee, Schokolade, Lolli: Imke Pelz, Berlin; Banane, Apfel, Paprika, Möhren, Gurke: Corel library/ Cornelsen Verlag; Tomate: Fotolia/Tim UR; Wasser: Fotolia/ stockfoto-graf; Saft: Fotolia/Kramografie.

11 Matthias Broneske, Berlin.

19 Inliner, Ball, Helm: Corel Library/ Cornelsen Verlag; Fahrrad: Saskia Klemm, Berlin; Schild, Auto: Imke Pelz, Berlin; Roller: Stiftung Warentest, Berlin; Pedalo: Holz-Hoerz GmbH, Münsingen. Weste: ADAC.

24 mauritius images/Alamy

25 Oben: blickwinkel/O. Giel, Witten; unten: Kopp/f1 online, Frankfurt a. M.

26 Künstlerin: Karin Zander, Kiel; Fotografie: Stefan Polte, Kiel.

32/33 Marienkäfer: Imke Pelz, Berlin.

41 Links: Saskia Klemm, Berlin; rechts: Kai Reddig, Berlin.

49 Sylvia Müller, Imke Pelz, Berlin.

56 Björn Vilhelmsson, Gevelsberg.

57 Joachim Landesvatter, Berlin.

58 Elefant: Frank Lukasseck/Allover/f1online, Frankfurt a. M.; Frosch: Reinhard-Tierfoto, Heiligkreuzsteinach; Löwe: Manfred Mothes/f1online, Frankfurt a. M.; Giftschlange: M. Harvey/ WILDLIFE, Hamburg; Eichhörnchen: A. Rouse/ WILDLIFE, Hamburg.

63 Saskia Klemm, Sylvia Müller, Berlin.

66 Oben: Corbis/© Roger Wilmshorst; mitte: blickwinkel/Hecker/Sauer, Witten; unten: picture-alliance/dpa-Bildarchiv/ Ingo Wagner.

67 Oben, unten: blickwinkel/Hecker/Sauer, Witten; unten: picture-alliance/dpa-Foto-Report /Wolfgang Krumm; www.blinde-kuh.de.

72 Vincent van Gogh: „Fischerboote auf dem Meer bei

Saintes-Maries" 1888, Puschkin-Museum, Moskau, Artothek, Weilheim; Paul Klee: „Das Abenteuerschiff" 1927, 1, Aquarell und Gouache auf Grundierung auf Papier auf Karton, 29,8/30,3 x 46,1/46,5 cm, Staatliche Graphische Sammlung, München, Blauel/Gnamm/Artothek, Weilheim, © VG-Bild-Kunst, Bonn 2010.

82 Free Spirit Spheres Inc., Qualicum BC (CDN)/Tom Chudleigh; Haselnuss: Fotolia.com/Weiss.

88 Buckingham: Fotolia/HappyAlex; Pyramiden: Fotolia/ francescopaoli; Öresund: Fotolia/artfocus; Pilsum: Fotolia/Mor65_Mauro Piccardi.

89 Oben: Ursula Brinkmann, Kamen; unten: Eingang Zoo/ Elefant: Zoologischer Garten, Berlin; Briefmarken: Dauerserie Blumen "Margerite". Gestaltung und Fotografie: Klein und Neumann; Iserlohn.

90 Irmgard Mai, Dortmund; Fahne: Corel Library/ Cornelsen Verlag.

91 Oben: Corel Library/ Cornelsen Verlag, unten: Andrea Kuenzig/laif.

96 Hans Memling, Dreikönigsaltar, um 1470. Museo del Prado, Madrid/akg-images, Berlin.

97 Kerzen: Irmgard Mai, Dortmund; Elch: Imke Pelz, Berlin.

99 Your Photo Today.

Cover und Originalillustrationen

34/35 Elisabeth Zöller/ Dorothea Tust (Ill.): Kleine Omageschichten. © 1997 arsEdition GmbH, München.

38 Wolf Erlbruch: Nachts. Peter Hammer Verlag Wuppertal, 1999; Gunilla Bergström: Gute Nacht, Willi Wiberg. Verlag Friedrich Oetinger, Hamburg 1982; Paul Maar: Am Samstag kam das Sams zurück. Verlag Friedrich Oetinger, Hamburg 1980; Bruno Blume/ Jacky Gleich: Ein richtig schöner Geburtstag. Tulipan Verlag, Berlin 2009 © JackyGleich, Schweiz.

46 Reinhard Michl: Morgens früh um sechs. © Carl Hanser Verlag, München 1997.

48 Baeten, Lieve: Die neugierige kleine Hexe. Verlag Friedich Oetinger, Hamburg 1992; Preußler, Ottfried: Die kleine Hexe. Illustration von Winnie Gebhardt. © 1957 Thienemann in der Thienemann Esslinger Verlag GmbH, Stuttgart – Wien; Schubert, Ingrid und Dieter: Irma hat so große Füße. Verlag Sauerländer Aarau, Frankfurt a. M. 1986.

74/75 Phyllis Root/ Axel Scheffler (Ill.): Sam und das Meer (aus dem Englischen von Salah Naoura). Beltz Verlag, Weinheim/Basel 2006. © 1994 Beltz & Gelberg. Alle Rechte für die deutschsprachige Ausgabe vorbehalten.

Kinderillustrationen

38/39 Justine Sarah Broser (4. Schuljahr), Herten.

83 Oben: Havva Yordanor; unten: Lisa Dannes.

Lieder

7 Rüdiger Urbanek: Darum sind wir hier. Rechte beim Cornelsen Verlag.

14/15 Rolf Zuckowski: Mein Weg zur Schule (leicht gekürzt). MUSIK FÜR DICH Rolf Zuckowski OHG, Hamburg.

27 K. W. Hoffmann: Winterschlaf. Melodie und Text nach einer schwed. Volksweise. Aktive Musik Verlagsgesellschaft mbH, Dortmund.

33 Reinhard Feuersträter: So groß wie ein Baum. Melodie: Reinhard Horn. Kontakte Musikverlag, Ute Horn, Lippstadt.

40 If you're happy. Aus den USA. Deutscher Text von Gerhard Schöne. Buschfunk Musikverlag GmbH.

42/43 Rüdiger Urbanek: Vier Jahreszeiten. Rechte beim Cornelsen Verlag.

65 Heinz Lau: Singt ein Vogel. (3. Strophe leicht verändert). Möseler Verlag, Wolfenbüttel.

86 Wolfgang Spode: Ferienlied. Fidula Verlag, Boppard/ Rhein und Salzburg.

97 Wolfgang Longardt: Fürchtet euch nicht. Verlag Ernst Kaufmann, Lahr.

Bildredaktion: Peter Hartmann

Erstlesebuch

von
Dr. Rüdiger Urbanek,
Linda Anders, Ursula Brinkmann, Doris Frickemeier, Irmgard Mai, Gabriele Müller

Redaktion: Imke Pelz
Illustrationen: Eva Czerwenka
Umschlagillustration: Eva Czerwenka
Layoutkonzept und Umschlaggestaltung: Rosendahl Grafikdesign
Layout und technische Umsetzung: Marina Goldberg

Liebe Eltern,
liebe Lehrerinnen und Lehrer,

die Kinder lernen zunächst, die Laute der Wörter abzuhören und die Lautfolge mit Hilfe des Buchstabenhauses in Buchstaben umzusetzen. **Sie schreiben, was sie hören.** Häufig sind die Wörter noch unvollständig.
Anfangs können die Kinder ihre eigenen Wörter und Texte in der Regel noch nicht lesen. Auch die Texte im Erstlesebuch müssen sie zu diesem Zeitpunkt noch nicht lesen können. Erste Leseversuche können die Kinder zunächst mit den blau gedruckten Wörtern und Sätzen machen.
Die Kinder sollten täglich Wörter, Sätze oder Texte selbstständig (mit Hilfe des Buchstabenhauses) verschriften (nicht abschreiben!). **Durch das Schreiben lernen sie das Lesen.**
„Fehler" sind notwendige Schritte auf dem Weg zum richtigen Schreiben.
Korrigieren Sie daher die Produkte ihrer Kinder anfangs nicht,
sondern freuen Sie sich über kleine Fortschritte der Kinder
beim Schreiben – wie früher beim Sprechenlernen.

www.cornelsen.de

Soweit in diesem Lehrwerk Personen fotografisch abgebildet sind und ihnen von der Redaktion fiktive Namen, Berufe, Dialoge und Ähnliches zugeordnet oder diese Personen in bestimmte Kontexte gesetzt werden, dienen diese Zuordnungen und Darstellungen ausschließlich der Veranschaulichung und dem besseren Verständnis des Inhalts.

1. Auflage, 6. Druck 2017

Druck: Mohn Media Mohndruck, Gütersloh

ISBN 978-3-06-082612-4 (Schülerbuch)
ISBN 978-3-06-080482-5 (E-Book)